# BRÄUCHE UND ABERGLAUBEN IN BRANDENBURG

Peter K. Stumpf

## FASTNACHT

Am Fastnachtstage ziehen in der Altmark die Knechte mit Musik von Hof zu Hof mit Birkenreisern und stäupen zuerst die Hausfrau, dann die Töchter, dann die Mägde; die Hausfrau gibt Schnaps, in einigen Dörfern Eier oder Mettwurst; die Mädchen beschenken dagegen die Knechte mit einen Strauß von Buchsbaum oder anderem Grün mit Bändern verziert, der an den Hut gesteckt wird. Die Würste werden auf eine große Gabel gesteckt und jubelnd durchs Dorf getragen, um zu zeigen, welche Wirthin die längste gegeben. Ist der Umgang beendet, so ziehet die ganze Masse nach dem Kruge; Würste und Eier werden in einen Tiegel gebracht und verzehrt. In vielen Dörfern wird nachher getanzt, hin und wieder nicht im Kruge, sondern auf den Bauerhöfen der Reihe nach.

An vielen Orten der Mittelmark ziehen die Knechte ebenfalls Gaben einsammelnd im Dorf umher, und man nennt diesen Gebrauch »zampern oder zempern«, in andern Orten auch »hänseln«. In einigen Gegenden wird auch ein Reiter auf einem Schimmel vorgestellt, und zwar dergestalt, daß einem der Knechte ein Sieb vor die Brust und eins auf den Rücken gebunden wird; darüber deckt man ein weißes Linnen und befestigt vorn einen Pferdekopf. Dieser Reiter macht dann allerhand possierliche Sprünge und ergötzt so die Versammlung. — An andern Orten wird in ähnlicher Weise ein Ochse geschmückt, der dann geschlachtet wird; man bindet dem Darsteller einen großen Topf vor die Stirn, gegen welchen dann der Schlag gerichtet wird, und sobald er trifft, gibts natürlich allgemeinen Jubel.

## PALMSONNTAG

Im Dorfe Königstätt, unweit Arendsee in der Altmark, ward im vorigen Jahrhundert am Palmsonntage des Nachmittags etliche Stunden mit den Glocken geläutet, weil man glaubte, so weit der Schall reiche, werde im folgenden Jahr das Wetter keinen Schaden tun.

OSTERN

In vielen Gegenden der gesammten Mark findet sich noch die Gewohnheit, am ersten Osterfesttage den Sonnenaufgang zu erwarten, denn man glaubt, die Sonne tue an diesem Tage, indem sie aufgehe, drei Freudensprünge. – Bereits vor Tagesanbruch und oft noch mitten in der Nacht stehen die Mägde auf, um aus Fluß, Bach,

See oder Teich Osterwasser zu holen; in den Sagen ist bereits erzählt, daß man es in Mohrin aus einem am Fuß eines großen Granitblocks gelegenen Graben zu schöpfen pflegte. Alles muß dabei unter heiligem Schweigen geschehen, sonst wird die Wirkung des Wassers, die heilend und Schönheit verleihend ist, gehemmt. Diejenigen, welche im Bett bleiben, werden von den Kindern (ein Gleiches geschieht auch am Aschermittwoch) mit Ruthen herausgepeitscht, nach dem provinziellen Ausdruck »gestiept«. Vormittags ziehen die Kinder in den Dörfern auf den einzelnen Höfen umher und sammeln Ostereier ein; zuweilen sind diese bunt gefärbt.

An vielen Orten der Altmark, namentlich aber in dem Hans-Jochenwinkel, so wie im Drömling und den ehemals wendischen Dörfern im Lüneburgischen werden am Abend des ersten und zweiten Festtages, zuweilen auch am Heiligen Abend, Osterfeuer angezündet. Man wählt besonders die Anhöhen und errichtet hier Stangen, an denen man oben Teertonnen, Bienenkörbe und dergleichen befestigt. Um die Stange herum werden ebenfalls leicht Feuer fangende Gegenstände gelegt, darunter aber auch Knochen.

Während des Brennens umtanzt das junge Volk das Feuer; nachher verläßt dies an manchen Orten den Platz, und die älteren Dorfbewohner erscheinen, sammeln die Asche, die sorgfältig aufbewahrt wird, weil ihr bei Viehkrankheiten heilende Kraft zugeschrieben wird. Man glaubt auch, daß, so weit das Feuer leuchte, in dem folgenden Jahre das Korn gut gedeihe und keine Feuersbrunst entstehe, und es hat um so größere Kraft, wenn alle Gegenstände dazu gestohlen sind.

Osterfeuer. Es handelt sich um möglichst hoch aufgetürmte Holzstöße aus Baum- und

Strauchschnitt. Mancherorts befindet sich zuoberst des Stapels eine Hexenpuppe aus Stroh. Die Holzstöße werden auf Feldern oder auf dem Kamm eines Berges so errichtet, dass sie weithin sichtbar sind. Der Brauch ist vor allem in ländlichen Gegenden üblich, wo die Dörfer einen Wettstreit um das höchste Feuer durchführen und die Holzstapel in den Nächten vor Ostern bewachen. Am Karsonnabend trifft man sich dann gesellig zu Bier und einer Köstlichkeit zum essen. Das Licht des Feuers soll die Dunkelheit des Winters vertreiben.

PFINGSTEN

Mannichfaltig sind die Gebräuche, die in den verschiedenen Teilen der Mark am Pfingstfeste herrschen, indes tragen sie doch alle übereinstimmend den Charakter der Heiterkeit und Fröhlichkeit, welche die Natur in ihrer frisch sich entwickelnden Fülle zu dieser Zeit notwendig im Gemüte des einfachen Menschen hervorrufen muß. Freilich haben diese Feste seit wenigen Jahren sehr abgenommen und nur dürftige Reste der alten Gebräuche sind oft zurückgeblieben, aber das allgemeinste Zeichen der Freude über das Wiedererwachen der Natur ist doch allen geblieben; die Häuser werden außen und innen mit dem duftigen, schimmernden Laub der frischen Maien geschmückt, die Wege werden damit und mit Kalmus und Blumen bestreut, überhaupt alles in das Gewand des Frühlings gekleidet. In dieser Weise begeht man das Pfingstfest namentlich in der Mittelmark, aber auch in andern Teilen der Mark findet es sich so, wo eigentümlichere Gebräuche verschwunden sind. Solche sind die folgenden. In mehreren Dörfern nördlich von dem Flecken Beezendorf in der Altmark war es noch vor mehreren Jahren Sitte, daß die Knechte und Pferde- und Ochsenjungen mit Gesang am Pfingstfest auf den Höfen umherzogen und den Bauern aus Birkenzweigen und Blumen gefertigte Maikronen brachten, die man in den Häusern aufhing und dann bis zum folgenden Jahre hängen ließ. Jungen und Mägde treiben am Pfingstmorgen Pferde und Kühe zum ersten Male auf die Brachweide, und jeder wetteifert, der erste dort zu sein. Das Tier des Siegers wird in der Altmark, namentlich in Ahlum,Rohrberg, Lagendorf mit der sogenannten Dausleipe geschmückt, d.h. an den Schwanz der Kuh oder des Pferdes wird ein Maienbusch gebunden; wessen Tier dagegen das letzte ist, der sieht sich dem Spott und Gelächter der übrigen ausgesetzt;

es wird draußen mit Tannenreisern, allerlei Grün und Feldblumen ausgeputzt, und heißt die bunte Kuh oder das bunte Pferd. Im letzteren Falle bekommt der Pferdejunge den Namen Pingstkääm, oder an andern Orten sowohl in der Altmark als auch in der Prignitz bei Lenzen, wo die Sitte ebenfalls sich findet, Pingstkäärel. Auch in Havelberg herrschte sonst bei dem Austreiben der Kühe derselbe Gebrauch, aber hier wurde die erste Kuh Abends beim Heimtreiben mit einer Blumenkrone geschmückt, und die letzte bekam die Dausleipe, jetzt findet nur noch das letzte Statt. Auch in der Mittelmark finden sich noch Spuren davon, nämlich in Neustadt und Fürstenwalde bekommt die zuletzt ausgetriebene Kuh ebenfalls einen Kranz, und bei den Mägden gilt dies als große Schande; wen es trifft, der muß Strafe an den Hirten zahlen. – Eine besondere Eigentümlichkeit haben in diesem Gebrauche noch die ehemaligen Wendendörfer bei Salzwedel bewahrt, und sie findet sich namentlich zu Seeben. Knechte und Mägde bilden nämlich von Tannenzweigen, Stroh und Heu eine große Puppe und geben ihr soviel als möglich menschliche Gestalt. Reich mit Feldblumen bekränzt wird die Puppe in aufrecht sitzender

Stellung durch allerlei Mittel auf der sogenannten bunten Kuh, die zuletzt hinausgetrieben ist,befestigt und ihr zuletzt eine aus Ellernholz geschnitzte Pfeife in den Mund gesteckt. So führt man die Kuh ins Dorf, in dem, wie in der Regel bei den Dörfern slavischen Ursprungs, der Eingang nur auf einer Seite ist und die Höfe im Kreise liegen. Der Ausgang wird versperrt und ebenso die Zugänge zu allen Höfen, und ein jeder jagt das Tier von seinem Hause fort, bis endlich die Puppe herabfällt oder in Stücke geht, und der Eigenthümer der Kuh ihr den Stall öffnet. In einigen Dörfern der Altmark ist der Name für den, dessen Pferd zuerst zur Weide kömmt, auch Tauschlepper, und der sein Pferd zuletzt hinaustreibende Pferdejunge wird zum bunten Jungen gemacht, indem er vom Kopf bis zu den Füßen mit Feldblumen behangen wird. Am Mittag wird dann der bunte Junge im Dorfe von Hof zu Hof geführt und der Tauschlepper spricht folgende Reime:

Wie bringen enen bunten Jungen jnt Hus,

Wer em sehn will, de kohm herrut;

De Blomen hebben wi vör uns geplückt,

Do hebben wi em met utgeschmückt;

Un hödden wi uns noch eher bedacht,

So hödden wi em noch bäter gemakt;

Söß Eier, söß Dreier, 'n Stück Speck,

So gahn wi gliks wedder weg.

Zum Schluß erhalten die Jungen ein Geschenk.

An andern Orten der Altmark geht zu Pfingsten die sogenannte Bammel herum, welche man auch hie und da den Pingstkääm nennt; sie besteht in einer langen mit Blumen und Bändern geschmückten Stange, die von einem der größeren Bursche getragen wird; die übrigen ziehen mit und sammeln Eier ein. Anderwärts tritt zugleich mit diesen ein in Laub und Blumen gehüllter Knabe auf, und dann führt dieser den Namen Pingstkääm[1]. Zuweilen wird er auch noch von zwei andern geführt, welche die Hundebrösel heißen.

Noch ausgebildeter ist der Gebrauch in den Dörfern am Südrande des Drömlings, namentlich in Wassensdorf und Weddendorf. Am weißen Sonntag (14 Tage vor Ostern) ziehn die Hirtenjungen mit weißen Stöcken hinaus auf die Weide und stecken mit diesen einen Fleck ab, auf welchen dann niemand bis zum Pfingstfest sein Vieh treiben darf. Nachdem dies geschehn ist, nennen die kleineren den größeren ihre Braut, und keiner darf den ihm gesagten Namen verrathen; thut's einer, so muß er ein Maaß Branntwein zur Strafe geben. Darauf ziehn sie ins Dorf und sammeln Gaben ein, welche sie nachher draußen auf der Weide verzehren. Zu Pfingsten wird endlich die abgesteckte Weide wieder frei, und jeder darf auch die ihm genannte Braut nennen.

Am zweiten Pfingsttage wird einer von den Jungen verkleidet und zwar so, daß ihm zwei Weiberröcke umgegeben werden, deren einer ihm über den Kopf genommen und zugebunden wird. Dann wird er in Maien eingehüllt, und man hängt ihm Blumenkränze um Hals und Arme und setzt ihm eine Blumenkrone aufs Haupt. Dieser heißt der Füstge Mai. Mit ihm ziehen die Jungen von Haus zu Haus.

Mit den Jungen zugleich ziehen die Mädchen herum und führen die Maibraut umher, welche wie eine Braut mit Bändern geschmückt ist, und namentlich das hinten bis zur Erde herunterhangende Brautband trägt; auf dem Kopfe hat sie einen großen Blumenstrauß.

In den sogenannten Zwölfdörfern (wendischen Ursprungs, nördlich von Salzwedel), sowie in der Gegend von Lenzen (namentlich in Mohr und Krinitz), von Perleberg bis weit ins Mecklenburgsche hinein, aber auch südlicher, z.B. in Jederitz im Havelland(eine Meile von Havelberg) versammeln sich am zweiten Pfingsttage die Knechte zu Pferde vor dem Dorfe, und es findet ein zweimaliges Wettreiten nach einem an einer Stange aufgehängten, reich mit Bändern geschmückten Kranz statt; wer beide Male den Kranz herunterreißt, wird König. Man krönt ihn, er erhält als Preis ein seidenes Tuch, das die Mägde gekauft haben, und wird jubelnd ins Dorf geführt, wo dann getanzt und getrunken wird.

In Nieder-Finow und Liepe bei Neustadt ziehen die Knechte am zweiten Pfingsttage mit einem Gänseaar, der auf ein Kreuz, das man an einer langen Stange befestigt, genagelt ist, umher, indem sie Eier, Schinken und dergleichen mehr in einem Liede für sich erbitten. Sie ziehn auch auf andern Dörfern umher, weil obige Adlerart sich allein in den bei letztgenanntem Orte gelegenen Eichen- und Buchwaldungen findet.

Am zweiten und dritten Pfingstfeiertage wird in der Altmark in allen Dörfern getanzt und das Pfingstbier getrunken. Nur das junge Volk nimmt hieran Teil. Die Knechte und Jungen bezahlen das Bier, die Mädchen dagegen die Musik. Am Abend des zweiten Pfingsttages wird jedes Mädchen mit Musik nach Hause gebracht. Am andern Morgen beginnt der Tanz sofort wieder; gegen Mittag ziehen Tänzer und Tänzerinnen von Hofe zu Hofe. Mehrere junge Burschen haben sich verkleidet, in der Regel mit Weiberkleidern, und einer trägt einen großen gefüllten Bierkrug. Dieser wird jedem Hofwirte und seiner Frau gereicht, die daraus trinken müssen; dann wird einige Minuten auf der Tenne getanzt. Während der Zeit beschenkt die Hofwirtin die jungen Leute mit Eiern, Speck und Würsten. Die eingesammelten Gaben werden dann im Kruge verzehrt.

Die Ausschmückung des Pferdes, das am ersten Pfingsttage zuerst und zuletzt auf die Weide kommt, hat in einigen Dörfern in der Nähe von Beezendorf, namentlich zu Hohenlangenbeck, einen andern Charakter angenommen und ist auf eine andre Zeit verlegt worden. Früher herrschte auch hier der Gebrauch, wie er oben geschildert wurde, jetzt ist er folgendermaßen verändert. An einem Sonntage nämlich, wenn die Roggenblume, die Rade und der Mohn in Blüte stehen, wird von den Jungen ein dazu passendes Pferd ausgewählt und mit Kränzen allerlei Art ausgeschmückt. Auf dem Kopfe des Pferdes wird ein mit den schönsten Blumen reich umwundener dreispaltiger Stock angebracht. Sämtliche Kränze sind mit Bändern geschmückt, die von den Mädchen des Dorfes geliefert werden. Ist das Pferd gehörig geschmückt, so wird ein Pferdejunge auserwählt, der es besteigt. Jedem steht es jedoch frei, diese Ehre abzulehnen, da die ihm zuertheilte Rolle nicht leicht zu spielen ist. Wer die Rolle übernimmt, wird dann reichlich mit Blumengirlanden geschmückt und erhält als Kopfbekleidung eine aus Binsen geflochtene Mütze. Ist er zu Pferde gestiegen, so geht der Zug langsam vor sich. Jeder Junge reißt die ihm zweckdienlich scheinenden Possen, damit der Reiter lache. Dies zu bewirken, ist die ganze Tendenz des Spiels. Gelingt es der Gesellschaft, den Reiter zum Lachen zu bringen, so hat er verloren und ist verpflichtet, jedem Mitspieler drei Peitschenschnüre zu geben;

bleibt er während der ganzen Zeit ernst, so erhält er dieselben. Der Zug geht von der Pfingstweide nach dem Dorfe, in demselben dreimal um die Kirche und dann reitet der Junge das bunte Pferd nach dem Hofe, wohin es gehört. Unterdes haben sich hier schon sämtliche Mädchen des Dorfs versammelt, um ihre geliehenen Bänder zurück zu nehmen. Ist das Pferd seines Schmucks wieder entkleidet, so zieht die ganze Schaar von Hofe zu Hofe, Gaben werden eingesammelt und nachher im Kruge verzehrt.

An die oben beschriebenen Pfingstgebräuche schließen sich zwei andere aus älterer Zeit an, deren Zeit aber vor das Pfingstfest fällt, nämlich das Pimpinellengraben und der Umzug um die Kornfelder. – An einigen Orten war es ehemals Gebrauch bei der Schuljugend, daß sie am Himmelfahrtstage auszog, Pimpinellen oder Bibenellen (Pimpinella saxifraga altera) zu suchen und mit der Wurzel auszugraben, dann aber denjenigen unter sich zum König zu machen, welcher die größeste Wurzel hervorbrachte. Für diese Ehre mußte er seinen Kameraden, auch wohl den Lehrern, einen Schmaus geben. Später ist es wegen mancherlei Ungebührlichkeiten, die dabei statt gefunden, abgeschafft

worden; viele Berge in der Mark
tragen aber davon noch den
Namen der Pimpinellenberge.

## MARIA HIMMELFAHRT SKT.JOHANNISTAG

Am Johannistage werden
übrigens durchweg in der Mark
allerhand heilsame Kräuter
gesammelt, weil man die
Meinung hat, daß nur die an
diesem Tage gepflückten die
gehörige Wirkung thun. Manche,
besonders Wurzeln, müssen in
der Mitternachtsstunde
stillschweigends gegraben
werden. Dahin gehört namentlich
das Kraut Rainfarren, das nur in
der Nachtstunde von 11-12 Uhr
blüht, und das, wenn man es bei

sich trägt, unsichtbar macht. In der Johannisnacht muß auch die Glücks-oder Wünschelruthe geschnitten werden, und zwar von einem Haselstrauch. Man muß zu diesem Zweck rückwärts auf den Haselstrauch zugehn, und stillschweigends mit den Händen zwischen den Füßen durchfassen und so eine gabelförmige Ruthe abschneiden. Will man sehen, ob man auch wirklich eine solche geschnitten habe, so braucht man sie nur ins Wasser zu halten; wenn sie da wie ein Schwein japst, so ist's die Glücksruthe; mit ihr kann man dann Schätze, die in der Erde verborgen sind, finden.

In dem Dorfe Belling bei Pasewalk unweit der uckermärkischen Gränze, hat man am Sonntag vor Johannis folgenden Gebrauch: Die Bauern ziehn früh Morgens aus dem Dorfe und theilen sich in zwei Abteilungen, Reiter und Fußvolk, und zwar die Knechte zu Pferde, die Herren zu Fuß. Beide kämpfen darauf mit einander, wobei meistens die Knechte die Oberhand gewinnen. Nachher ist dann Scheibenschießen, und wer den besten Schuß tut, wird König und geschmückt ins Dorf geführt. Auf freiem Felde wird zuletzt ein kleiner Jahrmarkt gehalten.

Die ehemaligen Wenden nördlich von Salzwedel richteten sonst am

Johannistage den sogenannten Kronenbaum auf, der allein von den Weibern geholt werden durfte, keine schloß sich davon aus, und selbst körperliche Gebrechen hielten nicht von dem Zuge ab. Am Abend vor Johannis wurde dieser Baum, eine Birke, gehauen, und alle Zweige bis an den Gipfel, an dem man eine kleine Krone stehn ließ, fortgenommen. Am Johannistage selbst nahmen dann die Weiber das Vordergestell eines Wagens, spannten sich anstatt der Ochsen oder Pferde vor und zogen also in das Holz. Das Wetter oder der Weg mochte beschaffen sein, wie sie wollten, sie fuhren nicht aus der Heerstraße, sollten sie auch im Morast oder Wasser bis an die Ohren gehen müssen. Die starken jungen Weiber gingen neben dem Wagen her, sangen Freudenlieder in wendischer Sprache, und ließen die alten Mütterchen ziehn, daß sie bersten mochten. Sobald sie mit dem Baum an das Dorf zurück gelangten, erhoben sie ein Freudengeschrei, eilten grades Weges nach dem Orte, wo der alte Kronenbaum stand, und hieben denselben um, welchen ein Kosater oder Häusling kaufen und den alten Weibern dafür zwei Schilling zu Branntwein geben mußte. Der neue Baum ward nun unter vielem Frohlocken aufgerichtet, mit Kränzen und Blumen behängt, und mit zwölf oder mehr Kannen Bier nach ihrer Art eingesegnet.

Wenn jemand starb, war es ehmals bei den Wenden auf der Gabelheide Sitte, bei dem Todten zu singen und tanzen, auch die ganze Nacht über zu trinken und zuletzt mit Getränk die Güter der Verstorbenen zu benetzen.

BARTHOLOMÄUSTAG

In Stralow bei Berlin feiert man an diesem Tage das bekannte Fischzugsfest; die Fischer der Gemeinde ziehen früh Morgens mit Musik hinaus und tun fünf Züge mit dem großen Garne, deren Ertrag hauptsächlich für den Prediger des Dorfes bestimmt ist. Nachher gehts zum Dorfe zurück, wo sich bald die gedrängten Massen der Städter einfinden und den Tag in Jubel, dem auch Puppenspiel und andre Belustigungen, so wie ein Markt mit Glücksbuden und dergleichen nicht fehlen, hinbringen. – Ehmals bekam der Prediger auch alljährlich einen Stiefel, angeblich, damit er den zwischen Kirche und Dorf gelegenen Graben durchschreiten könne; doch ist diese Leistung jetzt in eine Geldzahlung von jährlich 11/2 Thaler verwandelt. – Dabei mag erwähnt werden, daß der Prediger in Käthen in der Altmark ebenfalls alljährlich einen Schuh erhält.

# ERNTEBRÄUCHE

In der Prignitz herrschte noch vor einigen Jahren ziemlich allgemein, und herrscht zum Teil auch jetzt noch, namentlich in der Umgegend von Lenzen und Perleberg, der folgende Gebrauch. Wenn sämtlicher Roggen eingefahren war, ließ man auf dem Felde noch einige Garben stehn, und bildete aus diesen die Gestalt eines Mannes, die man mit allem, was sich dazu darbot und eignete, ausschmückte. Dieser Mann wurde Nachmittags auf einem vierspännigen mit Laub und Blumen geschmückten Wagen hereingeholt. Jung und alt, festlich gekleidet, folgte und Musik begleitete den Zug. War man bei den Garben, auf denen die Mannsgestalt stand, angekommen, so wurde um sie ein Kreis geschlossen, und ungefähr eine halbe Stunde lang auf den Stoppeln getanzt. Sodann wurden die Garben mit dem Manne auf einen Wagen geladen und unter lautem Jubel fuhr man nach Hause. – Auch in Pommern soll dies Fest noch bestehen, nur mit einer kleinen Verschiedenheit. Alle Mädchen müssen nämlich einen Wettlauf anstellen, und zwar ist das gemeinsame Ziel dieser Mann; die Siegerin wird die erste Tänzerin an diesem Abend. Auch in der Ukermark, z.B. in Greifenberg, bildet man eine solche Mannsgestalt aus den letzten Roggengarben und führt sie dann jubelnd ins Dorf.

In der Mittelmark findet sich derselbe Gebrauch, z.B. in Brunow bei Freienwalde, und in Tucheband im Oderbruch, doch hat er hier einen andern Charakter angenommen. Ist der Roggen nämlich abgemäht, und sollen die letzten Garben gebunden werden, so stellen sich die Binderinnen in zwei Reihen einander gegenüber, jede ihre Garbe mit dem Strohbande vor sich; auf ein gegebenes Zeichen binden alle zugleich ihre Garbe, und diejenige, welche zuletzt fertig wird, trifft nicht nur allgemeiner Spott, sondern aus ihrer Garbe wird auch die Gestalt eines Mannes gefertigt, den man »den Alten« nennt. Sie muß den Alten nun ins Dorf bis auf den Hof tragen, hier bildet man einen Kreis, die Binderin tritt mit dem Alten in die Mitte, und die übrigen tanzen um sie herum, darauf gehts zum Gutsherrn, dem der Alte mit folgenden Worten überreicht wird.

Wir bringen dem Herrn den Alten,

Bis er 'n neuen kriegt, mag er ihn behalten.

Der Alte wird darauf an einen Baum gestellt, wo er noch lange Zeit nachher zu allerlei Späßen dient.

Das eigentliche Erntefest wird erst am Schluß der gesammten Ernte, also gewöhnlich Anfangs November, nachdem die Kartoffeln eingebracht sind, gefeiert. Bei dieser Gelegenheit wird ein großer Kranz, der Erntekranz, gewunden, dieser wird von der festlich gekleideten Menge, die Mädchen mit den bebänderten Harken vorauf, die Männer mit den Sensen hinterher, zum Dorf hinausgetragen und dort abgetanzt, d.h. man tanzt eine

Zeitlang um denselben herum. Dann gehts zurück ins Dorf auf den Herrenhof oder das Amt, und hier wird der Erntekranz aufgehängt, zuvor jedoch wird die Herrschaft mit den Bändern des Kranzes gebunden, wobei die Binderin den Erntespruch sagt, und löst sich dann durch ein Stück Geld. Nachher wird bis zum andern Morgen getanzt.

MARTINSABEND

Im Hans-Jochenwinkel in der Altmark wird noch an einigen Orten die Martinsgans am Martinsabend gegessen. Nachmittags ziehn die Kinder umher.

## WEIHNACHTEN UND NEUJAHR

In der Altmark, aber auch in der Prignitz und im Mecklenburgischen, zieht einige Tage vor Weihnachten der Klas oder Klas Bur in scheußlicher Gestalt (gewöhnlich in weißem Laken) mit dem freundlicher gekleideten heiligen Christ umher, besucht Kinder und Gesinde und läßt sie beten; bestehen sie gut, so teilt der heilige Christ Äpfel und Nüsse aus, im entgegengesetzten Falle verrichtet Klas Bur eine kleine Strafe mit dem Aschsacke. Ähnlich ist der Gebrauch zu Müggelsheim bei Köpenick, wo man den Kindern sagt, der heilige

Christ komme auf einem Esel geritten, und deshalb Heu als Futter für das Tier vor die Tür wirft.

In der ehemaligen Grafschaft Ruppin versammeln sich Abends in der dem Weihnachtsfest zunächst vorauf gehenden Woche Knechte und Mägde, einer der Ersten stellt einen Reiter auf einem Schimmel dar, in der bei den Fastengebräuchen bereits angegebenen Weise, ein anderer, weiß gekleidet und mit Bändern geschmückt, trägt eine große Tasche und heißt der Christmann oder die Christpuppe. Mehrere von den übrigen endlich verkleiden sich als Weiber und schwärzen namentlich ihr Gesicht. Diese heißen die Feien. Sind alle diese Vorbereitungen getroffen, so setzt sich der Zug in Bewegung und geht mit Musik unter Begleitung aller Versammelten und dem Zuströmen und Jauchzen der Kinder von Haus zu Haus. Beim Eintritt in die Stube muß der Reiter über einen vorgesetzten Stuhl springen; ist dies geschehen, so tritt auch die Christpuppe mit der begleitenden Menge ein, und nur die Feien werden nicht zugelassen. — Darauf singen die Mädchen nach einer bestimmten Melodie einen unbestimmten Text, der jedoch hier und da noch ein bestimmter sein mag. Nun wählt der Reiter aus der Schaar der Mädchen eins aus, mit dem er zur Musik tanzt, und zwar so, daß beide einander gegenüber stehen und allerhand willkührliche Wendungen machen. Während dessen geht die Christpuppe bei den Kindern umher und fragt, ob sie beten können. Sagen sie nun einen Bibelspruch oder Gesangbuchsvers her, so werden sie mit einem Pfefferkuchen aus der großen Tasche belohnt, vermögen sie's aber nicht, so werden sie mit dem Aschbeutel geschlagen. Darauf tanzt dann der Reiter sowohl als die Christpuppe mit einigen aus der Menge und dann gehts weiter.

Unterdessen haben die Feien unaufhörlich versucht, einzudringen, sind jedoch unter allerhand Scherzen und Neckereien immer wieder zurückgetrieben worden, bis sie nun endlich, nachdem Reiter und Christpuppe fort sind, eindringen, wild und tobend umherspringen, die Kinder schlagen und überhaupt alles in Schrecken zu setzen suchen. In dieser Weise wiederholt sich dann der Zug in jedem Hause, deren eins oder mehrere, je nach der größern oder geringern Anzahl der Höfe eines Dorfes, an einem Abend besucht werden.

Zwischen Weihnachten und Neujahr, oder auch bis zum Tage der heiligen drei Könige ziehen an vielen Orten der Mark die sogenannten Sterndreher oder Sternkucker umher. Es sind drei mit Papierkronen geschmückte Knaben, die weiße Hemden übergeworfen haben; einer hat sein Gesicht geschwärzt, ein andrer trägt einen in einem großen Reifen angebrachten Stern, der fortwährend gedreht wird. So herrscht der Gebrauch z.B. in Pichelsdorf. Man zieht von Haus zu Haus.

## HOCHZEITSGEBRÄUCHE

Fast durchweg herrscht in der Mark die Sitte, die sogenannten großen Hochzeiten am Dienstage zu feiern, und nur hier und da finden sich Abweichungen davon; z.B. in Brodewin , in Wassensdorf am Drömling finden sie Donnerstags, und an einigen Orten,wenn ein Wittwer oder eine Wittwe wieder freien, Mittwochs statt. In Gegenden, wo die ehemals slawische Sitte den Vorrang behauptet zu haben scheint, ist Freitag der Tag der Hochzeitfeier, so bei den Hannöverschen Wenden, nördlich von Salzwedel, in der Prignitz in der Gegend von Lenzen bis Perleberg, in den Dörfern bei Havelberg, welche auf dem von Havel und Elbe gebildeten Delta liegen, Strodehne, Kuhlhausen u.s.w.

Zu dem Feste werden die Gäste von dem Hochzeitbitter mit einem gereimten Spruch eingeladen, und am Montage vor der Hochzeit schickt der Bräutigam einen mit sechs Pferden bespannten Wagen, um die Braut zu holen. Am Dienstag Morgen wird dann ausgefahren und alles so eingerichtet, daß man um Mittag am Wohnorte des Bräutigams anlangt. Bei diesem Brautzuge sitzt die Braut auf einem Stuhle; auf der einen Seite sitzt die Bräutigamsjungfer, eine der nächsten Verwandten desselben, auf der andern die

Brautjungfer mit den Lichtern, und die dritte mit dem aufgemachten Wocken, den man so mit Flachs bewickelt, daß die Braut für den folgenden Winter Vorrat hat. Nebst diesen steigen noch andre junge Bursche und Musikanten auf den Wagen. Der zweite Wagen ist nur mit vier Pferden bespannt, und auf diesem folgen die Verwandten der Braut. Dann folgt der Bettwagen und andre Wagen mit Gästen, und zuletzt die Ältern der Braut in einem nur zweispännigen Wagen. So gehts vorwärts, und man wirft unterweges Äpfel, Nüsse, Kringeln u. dgl. aus, namentlich aber wird tüchtig geschossen. Die jungen Leute in den Dörfern versperren auch wohl den Weg durch eine Schnur.

Ist man auf dem Hofe des Bräutigams angekommen, so nähert sich derselbe dem Wagen der Braut, diese schwingt sich über die Wagenleiter und er muß sie in seinen Armen, wo möglich ohne zu fallen, auffangen. In Wassensdorf am Drömling tritt dann der Brautvater zur Braut, trinkt ihr Bier in einem Glase zu, sie kostet und gießt den Rest über ihren Kopf weg. Nun müssen Bräutigam und Braut in der Altmark von einer aus allem Viehfutter bereiteten Suppe essen, denn sonst, glaubt man, gedeihe das Vieh nicht. Darauf wird der Brautschmuck angelegt und nun gehts zur Kirche. Vorauf Musikanten, dann die Mädchen, dann Braut- und Bräutigamsjunfern mit brennenden Lichtern, die entweder auf einem mit Buchsbaum umwundenen Gestelle, oder auf jungen Tannen angebracht sind. Dann folgt die Braut, welche zwei Trauführer (Trauleiher genannt) aus den nächsten Verwandten leiten; diese sind mit seidenen am Rocke befestigten Tüchern geschmückt, welche die Junfern geben müssen. Der Schmuck der Braut besteht in dem Kranze, von dem eine große Masse seidener Bänder herabhängt; besonders müssen vier davon bis zur Erde herabreichen; an der Brust hat sie einen Rosmarinstrauß stecken, in der Tasche Dill und Salz, damit ihr der Böse nichts anhaben könne, sowie einen alten Gulden; in den Schuhen liegen Haare von allen Vieharten des Hofes, sonst gedeiht dasselbe nicht. Der Braut folgt der Bräutigam, ebenfalls zwischen zwei Trauführern; Brust und Hut hat er mit Rosmarin geschmückt, in die Schuhe hat er Körner von allen gebauten Kornarten gelegt, denn so kann er gewiß sein, daß er reichliche Ärnten haben wird. Den Beschluß des Zuges macht die übrige Hochzeitsgesellschaft mit Ausnahme der unverheirateten

Männer. Jeder Gast trägt einen für eine Geldgabe von den Braut- und Bräutigamsjunfern erhaltenen Rosmarinstängel an der Brust. Ist man an der Kirche angekommen, so bleiben die unverheirateten Mädchen nebst den Musikanten draußen, ziehen zum Hofe zurück, holen die jungen Männer, und nun wird die Trauung vollzogen, bei welcher die Braut den Bräutigam auf den Fuß zu treten sucht, damit er sie nicht in der Ehe prügle. Zuweilen finden sich unter den Anwesenden neidische Gegner des Bräutigams, die während der Zeit des Segenssprechens ein Erbschloß dreimal auf-und zuschließen, damit die Eheleute kinderlos bleiben sollen.

Nach beendigter Trauung gehts mit gewechselten Trauführern zurück ins Hochzeithaus; nun aber geht der Mann vorauf, und die junge Frau folgt. Wenn die Mahlzeit eingenommen ist, folgt der Brauttanz; jeder der geladenen Gäste hat mit der Braut in der Ordnung des Verwandtschaftsgrades den Ehrentanz zu tun; zuletzt erst tanzt der Bräutigam mit der Braut. Den Schluß des ersten Hochzeittages macht darauf der Brautlauf. Sämtliche Anwesende begeben sich nach einem bestimmten Platz im Freien, der zum Laufen bequem ist. Zwei rüstige unverheiratete Männer nehmen die Braut zwischen sich; der Bräutigam gibt ihr einen Vorsprung, und es beginnt zwischen beiden ein Wettlauf. Am Ziele der Bahn stehn zwei oder mehr junge Frauen, die der neuen Genossin den Kranz abnehmen und ihr die Mütze aufsetzen. Holt der Bräutigam die Braut nicht ein, so darf er natürlich für Spott nicht sorgen.

Ist die Gesellschaft wieder im Hochzeithause versammelt, so schleichen Braut und Bräutigam in die Brautkammer. Kurze Zeit darauf zieht die ganze Gesellschaft mit Musik ebendahin; nach einer dortge brachten Nachtmusik, treten alle ein, um zu sehen, wie das Paar zusammenliegt. Trifft es sich, daß der Bräutigam voran liegt, so wird er wandwärts gelegt. Mit diesem Akt schließt der erste Tag.

Am zweiten Tage Morgens gehen die Gäste im Dorfe umher und nehmen die Wirtschaften in Augenschein. Nach Tische beginnt der Kampf um das alte Spinnrad. Die Brautjunfer hat nämlich ein altes mit Buchsbaum geschmücktes Spinnrad mit aufgemachtem Wocken, an dem noch einige Knocken Flachs und eine zweite Spule hangen, in einem nicht ganz nahe liegenden

Hofe des Dorfes abgegeben. Dies unversehrt ins Hochzeithaus zu schaffen, ist Aufgabe der unverheirateten Bursche. Die ganze Hochzeitgesellschaft zieht deshalb zu dem Hofe, wo das alte Spinnrad steht. Hier wird getanzt, die Brautjungfer tritt mit dem Spinnrade in den Kreis der jungen Burschen, man verläßt das Haus und begiebt sich so zum Hochzeithause. Der Kreis wird, indem man fortwährend die Brautjungfer mit dem Rade umtanzt, so fest wie möglich geschlossen, denn die verheirateten Männer suchen ihn unaufhörlich zu stürmen, um das Rad ganz oder teilweis zu erobern. Je näher man dem Ziele, um so mehr strengt man die Kräfte an, und oft fallen derbe Schläge dabei. Es ist eine Schande für die Ehemänner, wenn das Spinnrad unversehrt bleibt, und deshalb nimmt jeder, sobald es erbeutet ist, seine Trophäe mit sich, und wer die größte hat, wird allgemein belobt.

Während der Zeit hat die Mutter der jungen Frau das mit Buchsbaum umwundene und ausgeschmückte Brautrad bereits auf den Tisch gestellt; das junge Ehepaar setzt sich an den Tisch und erwartet den Brauthahn, oder wie es heißt »sitzt Brauthahn«. Zuerst tritt die Brautjunfer, die zuweilen noch von einem jungen Burschen unterstützt wird, mit dem neuen Spinnrade zum Bräutigam und sagt:

Ich bringe der Braut ein Rädelein,

Das ist von Holz und nicht von Lederlein,

Nicht von Eisen und nicht von Stahl,

Das wird der Braut gar wohl gefallen.

Eher soll die Braut nicht bei dem Bräutigam schlafen,

Ehe sie den Flachs nicht abgesponnen hat,

Eher soll der Bräutigam nicht bei der Braut schlafen,

Ehe er das Garn nicht abgehaspelt hat;

Eher soll der Bräutigam die Braut nicht schlagen,

Ehe das Rädlein keine Rosen trägt;

Das Rädlein wird nimmer Rosen tragen,

Also darf der Bräutigam die Braut nicht schlagen!

Hand drauf gegeben

Dem Brautmädchen!

Nun wird dem jungen Paar das Hochzeitgeschenk verehrt, das in

Gelde besteht, und in eine vor dem Paare stehende Schüssel gelegt wird. Nachher wird getanz, und dies ist dann auch nebst den Speisen und Getränken die Hauptfeier des dritten Tages. Beim Abschiede pflegt man dem Wirt, also dem Brautvater, ein klein Geschenk in die Hand zu stecken.

## GEBURTEN UND KINDSTAUFEN

Ein neugeborenes Kind wird von der Hebamme in ein Laken gewunden. Eine Schürze oder ein Tuch dazu zu nehmen, ist unerlaubt, weil dann das Kind unfehlbar später zu sehr dem Geschlechte, welchem es nicht angehört, nachlaufen würde.

Das in ein Laken gewundene Kind wird dann stillschweigends unter den Tisch gelegt, und erst hervorgenommen, wenn die Mutter ins Bette gebracht ist; sonst ist das Kind nicht ruhig und fromm und schreit zu viel. Vor dem ersten Bade wird der Knabe in einigen Dörfern auf ein Pferd gesetzt, das zu dem Ende in die Stube gebracht wird; das Mädchen muß buttern. Beim Baden wirft der Vater häufig einen Gulden in die Wanne, damit das Kind reich werde.

Der erste Anzug eines neugebornen Kindes darf kein neuer sein, weil das Kind in der Folge zu viel Kleider zerreißen würde; der zweite Anzug kann schon neues Zeug sein; zur ersten Windel muß eigentlich das Brautband der Mutter genommen werden.

Bis zur Taufe ist das Kind der großen Gefahr ausgesetzt, von den Unterirdischen geraubt und durch ein andres ersetzt zu werden. Dies kann man verhüten, wenn ein Blatt aus der Bibel oder dem Gesangbuch in die Wiege gelegt wird, ebenso liegt unter dem Kopfkissen der Wöchnerin ein Gesangbuch, weil sonst die Unterirdischen, während der Zeit die Mutter das Kind bei sich hat, Gewalt über dasselbe bekommen.

Besuchen Nachbarinnen und Verwandte die Wöchnerin, so müssen sie zuerst an die Wiege treten, das Kind enthüllen und sprechen: Gott segn' es! Dann erst können sie sich an die Mutter wenden.

Wenn das Kind zur Taufe getragen wird, so muß die Mutter fleißig in Gottes Wort lesen und beten, damit das Kind auf jenem Gange bewahrt werde und leicht lesen lerne. In andern Gegenden muß die Mutter neunerlei Arbeiten verrichten, damit das Kind tätig werde.

Dem Kinde, das zur Taufe getragen wird, muß ein Zettel, worauf der Vater einige willkürliche Worte geschrieben hat, oder, wenn der Vater nicht schreiben kann, ein Stückchen Gedrucktes ins Wickelband gesteckt werden, dann lernt das Kind nachher gut.

Bei dem Taufakte muß der älteste Gevatter einen Knaben, die älteste Gevatterin ein Mädchen halten, beim Schlußgebet aber der jüngste Gevatter oder die jüngste Gevatterin. – Die jüngsten unter den weiblichen Taufpaten tragen eine mit Blumen und Glasperlen verzierte Krone auf dem Kopfe, von welcher bunte seidene Bänder nach dem Rücken herabhängen. – Wenn der Gevatter das Kind zur Taufe hält, so ist es gut, wenn er einige Worte aus der Agenda über Kopf lesen kann; ferner muß er alle Sprüche aus der Bibel, die der Geistliche anführt, nachbeten, sonst lernt das Kind nachher nicht gut.

Werden zwei Kinder zugleich getauft, so darf dies nur mit demselben Taufwasser geschehen, wenn beide von einerlei Geschlecht sind, sonst würde der Knabe zu sehr den Mädchen nachstellen, und das Mädchen später einen Bart bekommen.

Bei der Rückkehr aus der Kirche erhält der jüngste Gevatter an der Haustür das Kind, um mit demselben so schnell als möglich über die große Diele zur Stube zu laufen, damit das Kind flink werde. Die Mutter muß dann das Kind hinter dem Ofen sitzend empfangen. Jeder Pate tritt dann herzu und bringt seinen Glückwunsch.

Beim Taufmahle wird auf einem hölzernen Teller, in dessen Mitte die Spitze eines halbgeöffneten Taschenmessers steckt, für die Hebamme gesammelt, die, wenn sie das Geld herunterschüttet, spricht: »Nur die kleinen Stücken nehm ich, das größte aber (den Teller) geb ich zurück!« Nun wird auf demselben Teller das Wiegengeld zusammengebracht, das in der Regel eins von den ältesten Geschwistern des Kindes oder die Großältern bekommen, damit sie das Kind gern und willig wiegen. Darauf wird ein kleines Bierglas mit Branntewein gefüllt und herumgegeben, sämtliche Gevattern werfen Geld hinein, das der Vater des Kindes bekommt, nachdem er das Glas mit einem Zuge geleert hat. Dies heißt der Stärkungstrank.

In einem Dorfe in der Nähe von Lübben erhielt der Prediger, zu Anfang des vorigen Jahrhunderts, nach vollzogener Taufhandlung ein Brot und einen Käse. Eben dasselbe Geschenk erhielten die Paten, sie teilten dasselbe unmittelbar darauf in der Kirche unter sich, und gingen dann gleich nach Hause.

Der Prediger zu Skt. Jacobi in der Vorstadt Neumarkt zu Jüterbog erhielt auch alljährlich am Gründonnerstage nach geendigter Predigt sechs Schrippen, die ihm auf den Altar gelegt wurden. Am selben Tage setzte sich der Richter der Vorstadt auf den Tanzberg und verteilte an die Knaben und Mädchen kleine Stollen.

## BEGRÄBNIS

Liegt ein Mensch im Sterben, so nimmt man ihm das Kopfkissen weg, damit ihm das Sterben erleichtert werde. Ist er tot, so öffnet man sofort ein Fenster der Stube, damit die Seele hinausfliegen könne. Beim Zunageln des Sarges muß man sehr behutsam zu Werke gehn, damit der Tote nichts von seinem Anzuge vor den Mund bekomme, denn sonst zehrt er nach, und ein Mitglied der Familie nach dem andern muß ihm im Tode folgen. In den Sarg werden dem Toten ein Löffel, eine Schüssel, ein Kamm und die zuletzt ausgekämmten Haare gelegt; in den Mund steckt man ihm ein Silberstück, denn in Nobiskrug (so heißt das Dorf Neu-Ferchau) muß er den letzten Sechser verzehren. Wird nun die Leiche aus dem

Hause getragen, so gießt man ihr einen Eimer aus der großen Tür nach, dann kann sie nicht umgehn. Nach der Bestattung werden die Schaufeln, mit denen das Grab zugeworfen ist, über den Leichenhügel geworfen, und es wird genau darauf geachtet, in welcher Richtung die zuletzt aufs Grab geworfene Schaufel liegt; diese gibt nämlich den Hof im Dorfe an, auf welchem zunächst jemand sterben wird. Zuletzt gehen die Angehörigen und die übrigen Begleiter dreimal um das Grab herum und von da in die Kirche.

## DAS BULLENFEST IM DRÖMLING

An einem gewissen Tage wird in der Schenke der Dörfer des Drömlings das Gemeinstier geschlachtet und auf der Stelle verzehrt. Ein jeder Hofwirt findet sich mit Anbruch des Tages dazu ein. Kaum ist der Stier geschlachtet, so wird ein Stück Fleisch ausgeschnitten und zum Frühstück zubereitet. Alles geht sehr schnell von der Hand, weil jede Magd (die Hausfrauen erscheinen dabei nicht) ihr angewiesenes Stück Arbeit hat; alsdann wird jeder Hauswirtin ein Stück Fleisch nach Hause geschickt und das Übrige in der Schenke verzehrt. Das Fell wird vertrunken.

## NOTFEUER

In vielen Teilen der Mark herrscht noch bei gewissen Gelegenheiten die Sitte, ein Notfeuer anzumachen, namentlich geschieht es, wenn man kranke Schweine hat. Zwei Pfähle von trocknem Holz werden vor Aufgang der Sonne unter feierlichem Schweigen in die Erde gegraben, und um diese Pfähle werden hanfene Stricke so hin und her gezogen, bis sich das Holz entzündet, darauf wird das Feuer durch trocknes Laub und Reiser genährt, und man jagt nun die kranken Tiere durch dasselbe. An einigen Orten bringt man das

Feuer durch Reibung eines alten Wagenrades hervor.

An diesen Gebrauch schließt sich vielleicht der auf dem Kalbeschen Werder und in Kalbe selber noch im vorigen Jahrhundert herrschende Gebrauch, daß man unter den Thorhäusern bei den Ackerleuten ein Pflugrad aufhing, weil man glaubte, daß, wenn das Vieh darunter aus und einginge, weder der Teufel noch seine Handlanger, die Zauberer, ihm Schaden zufügen können.

RECHTSGEBRÄUCHE

In Cheine bei Salzwedel mußten früher alle Bauern mit Ausnahme eines einzigen, der zu Hause blieb, in der Heuernte nach Rothenwohl ziehen und dort Heu mähen. Wenn sie zurückkamen, zogen sie in das Haus des Zurückgebliebenen, und was sie dort an Schinken und Würsten aus dem Giebel erreichen konnten, gehörte ihnen.

In der Woche vor Ostern müssen die Untertanen der Vogtei Meßdorf eine Menge Weizenmehl zusammenbringen, in Meßdorf davon backen und nach Wolfsburg bringen, am Karfreitag Mittag muß der Schrippenwagen auf dem Schloßhofe anlangen, und nun bekömmt ein Jeder, vom regierenden Herrn bis zum geringsten Bedienten, seinen Teil davon.

Altes Herkommen ist an vielen Orten, daß, wer beim Bier- oder Weintrinken in einer Gesellschaft die Neige bekommt, den Anspruch auf das erste Glas aus der neuen Flasche hat; das heißt das Lippehner Recht, und ist in dem lateinischen Verse: »Qui bibit ex negis ex frischibus incipit ille«, ausgesprochen. Die Lippehner sollen nämlich vor Alters einen ihrer Mitbürger, Peter Wadphul, stets gezwungen haben, die Neigen zu trinken, worauf Markgraf Woldemar in einer aus Callies im J. 1479 ausgestellten Urkunde obiges Gesetz festgestellt.

Zu Köpenick wird alle zwei Jahre im Sommer der sogenannte Grenzbezug gefeiert. Der Magistrat und die Stadtverordneten versammeln sich früh morgens und fahren auf einem Fahrzeuge, das die Kiezer Fischer (Nachbarn genannt) stellen müssen, nach der oberhalb des Müggelsees an der Klödenick, einem alten Spreearm, gelegenen Philippshütte. Hier findet sich auch der Schulze des Kiezes ein, und jetzt zieht man in großem Zuge, Musik vorauf, von einem Grenzhügel zum andern; am letzten angekommen, müssen diejenigen, welche seit dem letzten Grenzbezuge Bürger geworden, sich über den Hügel bücken und erhalten von dem Schulzen des Kiezes mit einer Peitsche sechs Schläge, und zwar den ersten für den König, den zweiten für den Magistrat, den dritten für die Stadtverordneten, den vierten für die Bürgerschaft, den fünften für die Nachbarschaft, den sechsten tut der Schulze für sich. Dieser, so wie die Kiezer haben dafür die Verpflichtung, die Anwesenden mit Fischen und einer Tonne Bier zu bewirten. Nachher wird draußen getanzt, und erst spät Abends heimgekehrt. – Obige Verpflichtung der Kiezer ist bereits durch eine Urkunde vom J. 1451, in welcher die Streitigkeiten der Stadt mit den Kiezern wegen der Fischerei auf der Klödenick beigelegt werden, festgestellt.

## ABERGLAUBEN

## FRAU HARKE UND FRAU GODE

In der Mittelmark, besonders im Havellande, in der Uckermark und auch in der Altmark heißt es, daß in den Zwölfen Frau Harke durch das Land ziehe, und daß deshalb die Mägde bis zum Tage der heiligen drei Könige ihren Rocken müssen abgesponnen haben, sonst zerkratzt Frau Harke entweder dieselben oder besudelt ihnen den Rocken. In der Prignitz hat man dieselbe Meinung von der Frau Gode, und diese teilt denn auch wohl solche Ohrfeigen aus, daß die Streifen der Finger das ganze Leben hindurch sichtbar bleiben.

## FRAU HOLLE

Wenn es schneit, sagt man, Frau Holle schütte ihre Betten aus und das seien die Federn, die herumflögen, andere sagen dann: sie rupfe ihre Gänse. Zeigen sich kleine Wölkchen Morgens oder Abends am Himmel, welche man Lämmerchen heißt, so sagt man, Frau Holle treibe ihre Herde aus, oder sie treibe heim.

## ROGGENMUHME

An vielen Orten der Mark schreckt man die unartigen Kinder damit, daß man ihnen sagt, die Roggenmuhme (in der Altmark Roggenmöin) werde mit ihren schwarzen, eisernen Zitzen kommen und sie holen. In der Altmark kennt man auch eine Erftenmöin und droht mit ihr den Kindern, damit sie nicht in den Erbsenfeldern naschen.

## KOBOLDE

Kobolde denkt man sich gewöhnlich als kleine rotjäckige Kerlchen, die im ganzen stets lustig und fröhlich sind, und sobald man ihnen Nahrung gibt, besonders Milch, allerhand Dienste im Hause verrichten. Ihre Gestalt zeigen am besten die auf den Jahrmärkten verkauften kleinen Figuren von Hollunder, die innen mit Blei ausgefüllt sind, und sobald man sie auf den Kopf stellt, augenblicklich wieder auf den Füßen stehn. – Wenn jemand schnell reich wird, so sagt man von ihm, er habe einen Kobold, welcher ihm Geld und Getreide zubringe, und zwar fliegt er dann als feuriger Drache durch die Luft; das Feuer ist von roter Farbe, wenn er Geld bringt, von blauer, sobald er Getreide trägt. Es gibt auch Mittel, um den durch die Luft ziehenden Draak oder Drachen festzumachen; es müssen nämlich zwei mit gekreuzten Beinen sich gegeneinander stellen, dann wird der Drachen gezwungen, etwas von dem, was er trägt, abzugeben. Zu demselben Zwecke ist es auch gut, das vierte Rad von einem Wagen zu ziehen. – Andere Namen für den Kobold sind »grüner Junge«, namentlich in der Altmark, und »Tückbold«, womit man aber auch an einigen Orten die Irrlichter bezeichnet. – In Gestalt denkt man sich den Kobold auch häufig als dreibeinigen Hasen, Kalb mit feurigen Augen, Rotbart.

IRRLICHTER

In einigen Dörfern nennt man sie auch Kobolde, und überall glaubt man von ihnen, daß sie sowie die Mondsüchtigen (Lattenklimmer genannt) die Seelen vertaufter Kinder seien, die keine Ruhe im Grabe hätten, und nun auf der Erde in feurigen Gestalten umherirren müßten, namentlich aber den Wanderer des Nachts vom rechten Wege abführten.

## WASSERMANN UND WASSERNIXE

Um die Kinder davon abzuhalten, daß sie zu nahe ans Wasser gehen, sagt man ihnen, da unten sitze der Wassermann oder Wassernix, der sei ganz schwarz und fürchterlich, und ziehe sie mit seinem langen Armen zu sich hinunter, daß sie nie wieder das Tageslicht erblickten. Von vielen Gewässern erzählt man auch, daß sie alljährlich oft auch an bestimmten Tagen, namentlich am Johannistag, ihr Opfer verlangten, d.h. es muß dann ein Mensch darin ertrinken, deshalb fahren dann auch viele Schiffer nicht, sondern machen Ruhetag.

ZWERGE

Gewöhnlich Untereerdschken oder Unterirdischen, auch Dickköpfe genannt; man denkt sie sich in kleiner breiter Gestalt, in grauer Tracht mit breiten Hüten. Sie vertauschen ihre ungestaltenen Kinder, Wechselbälge, mit den hübschen

Kindern der Menschen. Ihr Hauptaufenthalt ist in alten Klöstern und anderen verfallenen Gebäuden.

ALB ODER MAHRE

Der Alb, glaubt man, lege sich dem Schlafenden auf den Leib und verursache ängstliche Träume. Den Gequälten zu befreien, ist am besten, daß man ihn beim Taufnamen ruft. Die Mahre steht ihm in ihrer Beschäftigung gleich, nur daß sie als schönes weibliches Wesen gedacht wird, das man fangen kann, wenn man alle Öffnungen des Zimmers verstopft; es kann namentlich nicht entschlüpfen, wenn man es mit Handschuhen anfaßt. Häufig kehrt die Sage wieder, daß jemand lange Zeit mit einer Mahre verheiratet gewesen ist, die nachher plötzlich wieder verschwindet. In der Altmark hat man für den Namen Mahre die Form Mahrt und denkt sich meistens darunter einen Marder, der sich ebenfalls dem Schlafenden auf den Leib legt. An vielen Orten der Altmark hält man auch dafür, daß die Mutterplage, asthmatische Anfälle, durch die Moger, ein häßliches Tier, das im Leibe des Menschen sitzt und aus dem Halse kriechen will, hervorgebracht werden.

WERWÖLFE

Mehrfach glaubt man noch, daß es Menschen gebe, die sich in Werwölfe verwandeln können, und zwar geschehe es dadurch, daß sie sich einen Wolfsriemen umschnallen, in dem die zwölf Himmelszeichen auf eine zauberische Art eingewirkt sind. Wollen sie wieder Menschen werden, so legen sie den Gürtel ab. Besonders in den Zwölften (Dezember) treten sie auf, und, um sie da nicht an die Viehställe heranzulocken, wird kein Dünger ausgebracht.

Werwölfe (Mannwölfe) wurden im Dreißigjährigen Kriege düstere Gestalten genannt die sich auf ausgemergelte und schwache

Menschen stürzten und sie auffraßen.

BIHLWEISEN

So nannte man ehemals in der Mark die Leute, die einem sein Vieh bezauberten, daß es blöde und verzagt ward, verdorrte, keine Milch gab und dergleichen mehr. Sie bewirkten es besonders dadurch, daß sie ihr Teufelswerk unter den Schwellen der Ställe begruben, worauf das Vieh, welches darüber ging, krank wurde und starb. Um das Vieh gegen dieselben zu schützen, muß man es am Walpurgisabend mit Meerkraut, das man in Urin gekocht hat, waschen.

# HEXEN

Der Glaube an Hexen ist in der Mark noch immer nicht verschwunden; Krankheit an Menschen und Vieh wird noch häufig denselben zugeschrieben, und man hört noch oft, wenn jemand krank ist, die Worte: »Ja, die hat es mir angetan!« Am Walpurgisabend ziehen die Hexen bald auf Besenstielen, bald auf Gänseküken, Butterfässern, Mistgabeln u.s.w. zum Blocksberg, daher zeichnet man noch aller Orten, besonders die Jugend, drei Kreuze an die Türen der Häuser und Ställe. Eine derselben bekannte, daß sie neun Tage lang vor Sonnenaufgang jedesmal einen neuen Napf mit Bier und Brot in einen Fliederstrauch hinter der Schinderei gesetzt und dabei folgende Worte gesprochen haben: »Guten Morgen, Fliederstrauch, du viel Gute, ich bringe dir Bier und Brot, du sollt mir helfen aus aller Not, und so du mir helfen wirst, so werde ich morgen wieder bei dir sein.«

Man hat folgende Erkennungsmittel für die Hexen: An bestimmten Tagen gehen dieselben in die Kirche. Will man sie sehen, so muß man das erstgelegte Ei einer schwarzen Henne in die Tasche stecken und so in die Kirche gehen; dann erkennt man sie an kleinen Butterfässern, die sie auf dem Kopfe tragen. Man muß sich aber sehr hüten, daß sie einem nicht nahe kommen, denn alsdann suchen sie das Ei zu zerdrücken, wodurch man in großen Schaden geraten kann. – Ein anderes Mittel, um den Auszug der Hexen nach dem Blocksberg mit anzusehen, ist, daß man eine Furche um das Dorf zieht, dann den Pflug in die Höhe richtet und bis zur Dunkelheit wartet, alsdann kann man sie deutlich erkennen. Dasselbe erreicht man auch, wenn man sich unter eine ererbte Egge setzt, doch so, daß die Zähne derselben nach oben stehn.

## TEUFEL

An vielen Orten erzählt man sich noch von schwarzen Hunden mit feurigen Augen, die sich namentlich an gewissen Stellen aufhalten und dort Schätze bewachen. Man spricht, das sei der Böse, der in dieser Gestalt umherwandle. In einigen Gegenden glaubt man, wenn sich ein Wirbelwind erhebt, der Teufel sitze darin und fahre tosend durch die Luft.

## WEITERE ABERGLAUBEN

### UM DIE ROSE ZU VERTREIBEN

Um die Rose zu vertreiben, muß man sie böten. Dies geschieht entweder durch Räuchern, oder durch bloßes Blasen mit dem Munde, oder ein Junggeselle schlägt stillschweigends mit einem Feuerstahl dreimal Funken auf den leidenden Theil; doch darf der Kranke nichts davon erfahren.

## WENN DIE SONNE AM NEUHJAHRSTAG

Wenn die Sonne am Neujahrstage auf den Altar scheint, so gerät in dem Jahre der Flachs gut.

## LICHTMEß

Wenn es am Lichtmeßtage recht dunkel ist, dann folgt ein fruchtbares Jahr.

## KINDSTAUFE

Ist ein zu taufendes Kind in der Kirche ruhig, so stirbt es bald.

## WENN EIN GEVATTER

Wenn ein Gevatter gleich nach der Taufe sein Wasser läßt, so wird sich das Kind in der Wiege oft unrein machen.

## VOR DEM KIRCHGANG

Vor dem Kirchgange darf die Wöchnerin keinen Flachs spinnen, sonst geifert das Kind zu viel.

## IN DEM JAHRE

In dem Jahre, in welchem ein Kind aufgezogen wird, darf kein junger Hund und keine junge

Katze aufgezogen werden, denn
eins von beiden, Kind oder Thier,
kann nur gedeihen.

## WER IN DER NACHT

Wer in der Nacht nach der
Beerdigung einer Leiche sich drei
Hände voll Erde vom Grabe holt,
ist vor Hexerei geschützt.

## AM NEUJAHRSTAGE

Am Neujahrstage muß man Geld
zu sich stecken, dann fehlts das
ganze Jahr nicht.

## AM NEUJAHRSMORGEN

Am Neujahrsmorgen muß man im Baumgarten tüchtig schießen, dann tragen die Bäume gut.

## AN DEMSELBEN TAGE

An demselben Tage muß man nackt an jeden Baum klopfen und rufen: »Bäumchen wach auf, Neujahr ist da!« dann tragen sie gut.

## IN DEN ZWÖLFTEN

In den Zwölften darf kein Dünger ausgebracht werden, sonst bricht der Wolf in die Ställe.

## IN DER ERSTEN HÄLFTE

In der ersten Hälfte der Zwölften darf nicht gesponnen werden.

## FELDMÄUSE

Will man der zu großen Vermehrung der Feldmäuse Einhalt thun, so muß man sie in den Zwölften nicht Mäuse, sondern Dinger nennen.

## LICHTMEß SONNE

Wenn am Lichtmessen die Sonne scheint, so gerathen die Bienen gut.

## MARIENTAGE

An den Marientagen darf kein altes Zeug geflickt werden, sonst legen die Hühner Windeier.

## FASTNACHTTAG

Am Fastnachtstage darf man nicht spinnen, denn das Garn würde doch nur wieder verschwinden.

## GRÜNDONNERSTAG

Leinsamen, am Gründonnerstage gesät, friert nicht ab.


## KARFREITAG

Am Karfreitag muß man dem Hofhund ein Butterbrot geben, auf dem ein Kreuz eingeschnitten ist.

## OSTERMORGEN

Am Ostermorgen muß man früh aufstehen, einen Eimer mit Wasser auf den Hof setzen und so lange in das Wasser sehen, bis die Sonne aufgegangen ist, dann kann man deutlich das Osterlamm sehen, wie es umherhüpft.

## SONNTAG GEBOREN

Wer am Sonntag geboren und am Donnerstag getauft ist, kann ohne weiteres die Hexen erkennen.

## ACKERGERÄT WEIHNACHT

In den Weihnachten darf das Ackergerät nicht unter freiem Himmel bleiben, weder auf dem Hofe, noch auf dem Felde, und wenn es angefroren ist, muß es losgehauen werden, denn sonst verunreinigt es der feurige Drache, der dann umherzieht, was die übelsten Folgen haben kann.

## WEIHNACHTSABEND

Am Weihnachtsabend muß man Eisen und Stahl in den Häckerling und in die Kuhkrippe legen; wenn dann einer im Laufe des Jahres Häckerling stiehlt, so hilft es dem Vieh, das damit gefüttert wird, nichts.

## ERSTER WEIHNACHTSTAG

Am ersten Weihnachtstage muß man Feuerbrände in die Brunnen und Wassertröge werfen, dann kann keine Hexe ankommen.

## DONNERSTAGABEND

Am Donnerstag Abend darf man nicht spinnen, weil der Böse sonst eine leere Spule in die Stube wirft mit dem Zurufe: »Spinnt diese auch voll!«

PFERDEKNECHT

Will ein Pferdeknecht das ganze Jahr hindurch wohlbeleibte Pferde haben, so muß er einen jungen, noch blinden Hund lebendig unter der Krippe eingraben, oder in der Neujahrsnacht Kohl stehlen und die Pferde damit füttern.

KUH MILCHLEISTUNG

Gibt eine Kuh nicht reichliche Milch, so muß man etwas von derselben in des Nachbars

Brunnen gießen, dann geht das Uebel auf des Nachbars Kuh über.

## KÄLBER TIERKREISZEICHEN

Kälber, die im Zeichen der Jungfrau oder des Krebses geboren sind, dürfen nicht aufgezogen werden, sie sterben doch.

## NEUGEBORENE KÄLBER

Neugeborne Kälber muß man mit Dill und Salz bestreuen, dann können ihnen die Hexen nichts anhaben.

## STALL AUSMISTEN

Wenn man den Stall ausmistet, muß man drei Gabeln voll Mist zurückwerfen, sonst nimmt das

Vieh Schaden, oder man muß ein bestimmtes Pulver rückwärts in den Stall streuen.

## ERSTER VIEHTRIEB

Wird das Vieh zum ersten Male auf die Weide getrieben, so muß es über einen grünen Torf, ein Hühnerei und einen rothen Rock gehen, und dann vor Sonnenuntergang wieder im Stalle sein.

## RINDSKAUF

Kauft man ein Rind, muß man es rückwärts in in den Stall ziehn, so kann's nicht behext werden.

## PFERDEKAUF

Kauft jemand ein Pferd und reitet damit nach Hause, so muß er aus der ersten Hufspur, die es auf der Feldmark seines Dorfes macht, Erde nehmen und rückwärts über die Grenze werfen, so kanns nicht behext werden.

PFERDE ANSPANNEN

Beim Anspannen der Pferde muß der eine Strang rechts, der andre links übergehakt werden, das schützt gegen Hexerei.

KÜKEN SCHLÜPFEN

Soll junges Federvieh gleichzeitig aus den Eiern kriechen, so muß man sie in eine Mütze legen und zugleich ins Nest schütten. Damit sie alle auskommen, schütte man sie ins Nest, wenn der Schäfer seine Herde austreibt.

GÄNSEKÜKEN

Ausgeschlüpfte Gänseküken muß man in einem Siebe räuchern, und zwar nimmt man als Räucherwerk etwas vom Schwanze eines jeden Kükens, etwas aus dem Brutneste und einigen Daunen von den Gänsen; dann steckt man sie durch die Öffnung eines Skeletts von einem Pferdekopf, oder statt dessen durch einen Eichendopp, erblickt sie dann der Fuchs in der Folge, so erscheinen sie ihm so groß wie ein Pferd oder eine Eiche und er wagt sich nicht daran.

## BROT ANSCHNEIDEN

Wird ein ganzes Brot angeschnitten, so muß es vorher auf der untern Seite mit dem Messer bekreuzt werden, sonst bringt es dem Genießenden kein Gedeihen.

## BROT

Ist aus dem Brot etwas Krauses herausgetrieben, so wirft man drei kleine Stücke davon rücklings in den Backofen, sonst entsteht Zwietracht zwischen dem Hausherrn und der Hausfrau.

## GEWITTER

Zieht ein Gewitter herauf, so muß man in der Bibel oder dem Gesangbuch lesen.

## BAUER IN DIE STADT FAHREN

Will der Bauer zur Stadt fahren, so schlägt er vor den angespannten Pferden drei Kreuze, dann stößt ihm kein Unfall zu. Begegnet ihm zuerst ein altes Weib oder läuft ihm ein Hase über den Weg, so bedeutet's nichts Gutes.

## HERDFEUER

Bullert das Feuer auf dem Heerde, so gibts Zank im Hause, spuckt dann aber jemand hinein, so trifft ihn der Zank nicht.

BROT BACKEN

Ist beim Backen das Brot in den Ofen geschoben, so macht die Magd mit der Schüssel drei Kreuze vor dem Ofen und spricht dabei:

Dat Brot is im Åben,

Unser Herr Gott is båben

Wenn't keen Brot will warden

låt't luter Stuten warden.

RAUPEN IM KOHL

Sind im Herbste Raupen auf dem Kohl, so nimmt der Herr oder die Frau einen Birkenstrauch, der am Pfingsttage als Maie gedient hat, die deshalb auch sorgfältig aufgehoben werden, umgeht dreimal den mit Kohl bepflanzten Raum und spricht beim Umgange die Worte:

Rupen packt ju

De Mån geit weg,

De Sunn kümmt!

Dann müssen die Raupen verschwinden.

ERBSEN PFLANZEN

Wenn Erbsen gepflanzt werden, so muß der Pflanzende drei Erbsen in den Mund nehmen, die er erst nach beendigtem Geschäft in das erste beste Loch speit. Geschieht außerdem die Arbeit stillschweigend, so geht kein Sperling, keine Taube dabei.

## NEUE DIENSTBOTEN

Kommen neue Dienstboten ins Haus, so müssen sie, ehe sie etwas anderes tun, zuerst einen Eimer Wasser holen, sonst können sie sich nicht ans Haus gewöhnen. Mädchen muß man außerdem dreimal um den Heerd jagen, sonst laufen sie aus dem Dienst.

## DOPPELSAUGER

Damit die Doppelsauger nicht aus dem Grabe wiederkommen, muß man ihnen ein Stück Geld in den Mund stecken.

## VITUSTAG

Wenn es am Vitustage regnet, so gedeiht der Hafer nicht.

## BRAUTPAAR KIRCHGANG

Geht ein Brautpaar zur Kirche, so geht voran die Braut, zurück voran der Bräutigam, dann die Braut; dann müssen sie so dicht hinter einander gehen, daß niemand zwischen ihnen durchgehen kann, sonst gibts steten Unfrieden.

## SCHWANGERSCHAFT

Eine Frau darf sich während ihrer Schwangerschaft keine Speise versagen, zu der sie Lust verspürt; denn alle Speisen, die sie sich so entzieht, würde das Kind künftig, wenn es erwachsen ist, nicht essen können.

## NEUGEBOREN

Ist das Kind geboren, so muß man ihm Honig oder Zucker in den Mund geben, dann riecht es künftig immer süß aus dem Munde.

## SCHREIT DAS NEUGEBORENE

Schreit das neugeborene Kind viel, so sagt man, es habe Herzspann und zieht es dreimal durch die Sprossen einer Leiter, dadurch erhält's Erleichterung.

## UNGETAUFT

Bei neugeborenen, noch nicht getauften Kindern, muß Tag und Nacht ein Licht brennen, dann können es die Unterirdischen nicht vertauschen.

ERSTE GEBURT

Eine Wöchnerin, die zum ersten Male niedergekommen ist, darf ja nicht zu früh die Wäsche wechseln, weil sie sonst alle Jahr ein Kind bekommen würde.

GEGEN DIE ROSE

Gegen die Rose hilft der Abgang einer weißen Katze, gegen den Husten der eines schwarzen Hundes, doch muß der Abgang selber weiß sein.

## KOPFWEH

Hat jemand Kopfweh, das nicht weichen will, so windet man einen Faden dreimal um seinen Kopf und hängt den in Form einer Schlinge an einen Baum; fliegt dann ein Vogel hindurch, so nimmt er das Kopfweh hinweg.

## DREI FESTTAGE

Wenn an den drei hohen Festtagen, Ostern, Pfingsten und Weihnachten, jemand in der Nacht aufwacht, so muß er ein Gesangbuch nehmen, es aufschlagen und dann offen wieder fortlegen. Ist der Gesang nun ein Sterbelied, so muß er noch im selben Jahre sterben, ist's ein Tauflied, so wird er taufen lassen oder Gevatter stehn, und so wird in jedem Fall nach dem Inhalt des Liedes sein Schicksal für das nächste Jahr bestimmt.

DRAAK

Hat man den Draak zur Luke eines Hauses hinein ziehen sehen und zieht dann das vierte Rad eines Wagens ab, so geht das Gebäude in Flammen auf.

BLUT STILLEN

Um Blut zu stillen, nehme man stillschweigends einen Stein und mache damit drei Kreuze auf die Wunde; dann muß man denselben genau wieder an die alte Stelle legen und das Blut wird aufhören zu fließen.

## ZAHNSCHMERZEN

Hat jemand Zahnschmerzen, so nehme er bei abnehmendem Monde einen Nagel, bohre damit in den Zahn, so daß Blut kömmt, dann schlage er ihn stillschweigends in die Nordseite einer Eiche, daß die Sonne nicht darauf scheine, und so lange der Baum steht, wird er nie wieder Zahnweh haben.

## GELDBRENNEN

Sieht man irgendwo Geld brennen, so muß man einen Schuh darauf werfen, dann kann man es auch bei Tage heben.

## SPINN´AM MORGEN

Spinn' am Morgen, Kummer und Sorgen! Spinn' am Abend, Glück bringend und labend.

## SPUK

Spukt's irgendwo, so ist das einer, der sich bei der Heumahd an einer fremden Wiese vergangen und dies bei Lebzeiten nicht eingestanden hat.

## WEIHNACHT SPINNEN

Zu Weihnachten darf man nicht spinnen, sonst bringt der heilige Christ was in den Flachs.

## SPUKENDER

Will man einen Spukenden vertreiben, so muß man mit Stahl und Stein Funken schlagen; das verträgt er nicht.

## KOBOLD VERTREIBEN

Um einen Kobold los zu werden, muß man ihm etwas auftragen, das er nicht schaffen kann, dann bleibt er fort.

## KRÄFTIGE PFERDE

Will man kräftige Pferde haben, so muß man sie mit Osterwasser waschen.

## BRAUTWAGEN

Begegnet dem Brautwagen ein altes Weib, so ergehts der Braut schlecht; ein alter Mann, wirds ein wenig besser.

## BESEN BINDEN

Besen, die in den Zwölften gebunden sind, so wie dann gesponnenes Garn und gesammelte Asche sind am besten zum Gebrauch.

## RÜBEN UND KARTOFFELN

Wenn die Sonne im Zeichen des Krebses steht, darf man weder Rüben säen noch Kartoffeln legen, denn sie gedeihen nicht.

## ERBSEN NEUMOND

Erbsen im Neumond gesäet, blühen immerfort ohne Früchte zu bringen.

SCHWINDEL

Wer am Schwindel leidet, muß, wie ihn Gott geschaffen hat, nach Sonnenuntergang dreimal um ein Flachsfeld laufen, dann kriegt der Flachs den Schwindel.

ZWIRN

Zwirn muß man in den Zwölften spinnen, so wird er gut.

KATZE PUTZT

Wenn die Katze sich putzt, so giebts Gäste.

SPITZES WERKZEUG

Fällt ein Messer oder andres spitzes Werkzeug zur Erde und bleibt stecken, so giebts Gäste.

# FEUERKNISTERN

Knistert oder zischt das Feuer, so wirds Hader geben.

# BRAUT REGEN

Regnets der Braut am Hochzeittage in den Kranz, wenn sie zur Kirche geht, so wird die Ehe unglücklich.

# BROTLAGE

Das Brot muß immer auf der flachen Seite liegen, sonst bringts keinen Segen.

# HUFEISEN

Wer Glück haben will, muß ein gefundenes Hufeisen auf die Türschwelle nageln.

## SCHWEINE AM MORGEN

Kommen einem früh Morgens Schweine entgegen, so bedeutets Unglück, sinds aber Schafe, Glück.

## NASEJUCKEN

Juckt einem die Nase, so wird man bald was Neues erfahren.

## WETTERLEUCHTEN

Wenn das Wetter leuchtet, darf man nicht mit den Fingern darauf weisen.

## NIESEN AM MORGEN

Niest man am Morgen, so wird man im Lauf des Tages ein Geschenk erhalten.

## AUFKOMMENDER STURM

Erhebt sich ein großer Sturm, so hat sich einer im Walde erhängt.

## BROTBACKEN GRÜNDONNERSTAG

Wo man am Gründonnerstage Brot bäckt, da regnets das ganze Jahr nicht.

## ALLES AUFESSEN

Bei Tische muß man alle Rester aufzehren, so gibts gut Wetter.

## HEIRAT AM FREITAG

Freitags darf man nicht Hochzeit machen, das bringt kein Glück.

## JOHANNISTAG

Am Johannistag hat das Johanniskraut Blutstropfen, die man findet, wenn man es behutsam mit der Wurzel ausgräbt. Bestreicht man damit einen Flintenlauf, so trifft man mit jedem Schuß.

## HECKETALER

Will jemand zum Besitz eines Hecketalers gelangen, so stecke er eine schwarze Katze in einen Sack, binde den mit recht vielen Knoten zu, gehe dreimal um die Kirche und klopfe jedesmal an die Tür. Dann wird einer fragen was man wolle; dann antworte man, daß man einen Hasen zu verkaufen habe. Beim dritten Male wird er herauskommen; nun muß man ihm den Sack geben und wird dafür einen Taler erhalten, welches der

Heckethaler ist. Nun muß man aber eilen fortzukommen, denn öffnet jener den Sack und sieht eher als man zu Hause ist, daß eine Katze darin sei, so ist man verloren.

## NACH WEIHNACHTEN

Zwischen Weihnachten und Neujahr soll man keine gewaschene Wäsche aufhängen, das sich sonst böse Geister darin verfangen können.

## SILVESTER

Am Ende des Jahres soll man viel Lärm und Getöse machen, damit böse Geister für das nächste Jahr verscheucht werden